RACONTE-MOI

SHEA WEBER

La collection Raconte-moi *est une idée originale de Louise Gaudreault et de Réjean Tremblay.*

Directeur de la collection : Réjean Tremblay
Éditrice-conseil : Louise Gaudreault
Direction littéraire : Jennifer Tremblay
Direction artistique : Julien Rodrigue et Roxane Vaillant
Illustrations : Josée Tellier
Photo référence pour l'illustration de couverture : Francois Lacasse/Getty Images
Design de la couverture : Nancy Desrosiers
Infographie : Chantal Landry
Correction : Odile Dallaserra

DISTRIBUTEUR EXCLUSIF :

Pour le Canada et les États-Unis :
MESSAGERIES ADP inc.*
2315, rue de la Province
Longueuil, Québec J4G 1G4
Téléphone : 450-640-1237
Télécopieur : 450-674-6237
Internet : www.messageries-adp.com
* filiale du Groupe Sogides inc.,
filiale de Québecor Média inc.

Catalogage avant publication de Bibliothèque et Archives nationales du Québec et Bibliothèque et Archives Canada

Daigle, Frédéric, auteur

Shea Weber / Frédéric Daigle.

(Raconte-moi ; 30)
Comprend des références bibliographiques.
Public cible : Pour les jeunes.

ISBN 978-2-89754-098-2

1. Weber, Shea, 1985- - Ouvrages pour la jeunesse. 2. Joueurs de hockey - Canada - Biographies - Ouvrages pour la jeunesse. I. Titre. II. Collection : Raconte-moi ; 30.

GV848.5.W42D34 2018 j796.962092
C2018-940000-5

04-18
Imprimé au Canada

Dépôt légal : 2018
Bibliothèque et Archives nationales du Québec

ISBN 978-2-89754-098-2

Gouvernement du Québec – Programme de crédit d'impôt pour l'édition de livres – Gestion SODEC – www.sodec.gouv.qc.ca

L'Éditeur bénéficie du soutien de la Société de développement des entreprises culturelles du Québec pour son programme d'édition.

Conseil des Arts du Canada | Canada Council for the Arts

Nous remercions le Conseil des Arts du Canada de l'aide accordée à notre programme de publication.

Financé par le gouvernement du Canada
Funded by the Government of Canada | Canada

Nous reconnaissons l'aide financière du gouvernement du Canada par l'entremise du Fonds du livre du Canada pour nos activités d'édition.

Frédéric Daigle

RACONTE-MOI
SHEA WEBER

petit homme
Une société de Québecor Média

À Leslie-Anne, qui rend tout possible

6

PRÉAMBULE

Los Angeles, le samedi 28 janvier 2017.

Shea Weber se tient le long de la rampe du Staples Center, domicile des Kings de Los Angeles. Il participe à la compétition du tir le plus puissant lors du week-end du Match des étoiles de la Ligue nationale de hockey (LNH), et il attend le moment de s'exécuter.

Moi, « Jimbo » Vaillancourt, recruteur professionnel, j'adore mon travail. Je regarde jouer les jeunes dans les arénas du nord-ouest du Canada et des États-Unis. Je les évalue sur des points bien précis et je fais mon rapport à mes patrons, les dirigeants des Predators de Nashville. Par la suite, ces derniers décideront lesquels, parmi tous les joueurs proposés par leurs dépisteurs, ils sélectionneront au repêchage.

C'est moi qui ai découvert Shea Weber, il y a quelques années.

Je ne peux pas dire que j'entretiens des relations particulières avec les joueurs que j'ai recommandés aux Predators au fil des ans. Je ne leur demande pas de faveurs non plus. Mais lorsque Shea m'a offert un billet pour que j'assiste aujourd'hui au concours d'habileté, je ne pouvais pas refuser.

Je trépigne d'impatience sur mon siège. Je n'en peux plus d'attendre qu'il s'élance pour décocher un des boulets de canon dont lui seul a le secret !

Les deux dernières années, Shea a gagné le concours avec des tirs de plus de 173 km/h (108 mph) ! Imagines-tu ce que cela représente ? Demande à tes parents de conduire leur voiture à 170 km/h, tu verras ce qu'ils te répondront !

Déjà, la recrue des Jets de Winnipeg, Patrik Laine, a placé la barre très haut avec un lancer de 163,7 km/h (101,7 mph) à son tout premier essai.

En raison de son statut de champion en titre, Shea s'élancera au huitième et dernier rang de la compétition. Pour chasser la nervosité et faire passer le temps, il se concentre sur le défi à relever. Il patine un peu pour se délier les jambes. Il en profite pour échanger quelques mots avec ses ex-coéquipiers des Predators et les autres étoiles de la LNH.

On dit qu'un dépisteur ne découvre qu'une super-vedette dans toute sa carrière. On dit même que plusieurs dépisteurs passent leur vie entière à chercher ce joueur exceptionnel. Avec Shea Weber, je n'ai pas seulement déniché un joueur dominant, j'ai carrément gagné le gros lot ! Une étoile parmi les étoiles !

Voilà ! La grande vedette des Capitals de Washington, Alexander Ovechkin, vient de rater le filet et son tir ne sera pas homologué. Shea Weber est le suivant. Il se prépare.

Il fait quelques enjambées pour s'approcher de la rondelle, déposée à une dizaine de mètres du filet, et il décoche son tir : 165,4 km/h (102,8 mph) ! La victoire est dans la poche !

Shea est tout sourire. Il avait confiance en ses moyens, mais tout de même ! Triple champion de cette compétition, ce n'est pas rien ! Rapidement, les autres joueurs l'entourent. Carey Price[1], un de ses bons amis, est l'un des premiers à le féliciter.

Pendant ce temps, des dépisteurs, mes collègues, viennent me dire à quel point j'ai fait un bon coup en recommandant Shea Weber aux Predators. Je perçois un brin de jalousie dans leur voix. Mais ce n'est pas leur faute si Shea ne fait pas partie de leur équipe. Dans la LNH, on ne croit pas toujours ce que disent les dépisteurs…

Comme je suis heureux d'être ici, aujourd'hui, pour applaudir Shea ! J'admire l'homme et le leader qu'il est devenu. Je suis fier de tous les joueurs que j'ai découverts, mais Shea, c'est spécial.

Laisse-moi te raconter l'histoire de Shea Weber, super-étoile de la LNH, médaillé d'or olympique et champion du monde de hockey…

1. Voir *Carey Price*, collection « Raconte-moi » n° 1, de Jean-François Chaumont.

1

SICAMOUS

Tu te doutes sûrement que l'histoire de Shea Weber ne commence pas dans la Ligue nationale de hockey. En fait, tout débute dans la petite municipalité de Sicamous qui compte environ 2500 habitants. Sicamous se trouve au sud-est de la Colombie-Britannique, la province la plus à l'ouest du Canada. Dans la langue amérindienne shuswap, « Sicamous » signifie « Rivière qui encercle les montagnes ».

C'est là que, le 14 août 1985, naît Shea Michael Weber. Il est le premier enfant de Tracy Nicholson, coiffeuse, et de James Weber, ouvrier dans une scierie locale. Deux ans plus tard, un frère, Brandon, vient compléter la petite famille.

Les Weber résident toujours dans cette ville située aux abords des lacs Mara et Shuswap.

Si tu visitais la région en été, tu verrais sur ces lacs des centaines de bateaux-maisons.

Enfant, Shea passe ses hivers à jouer au hockey dehors, en bottes dans les rues ou en patins sur la patinoire.

« Shea aime beaucoup le hockey, dit un jour James à sa femme, alors qu'il regardait par la fenêtre son fils qui s'amusait avec ses amis.

— Il ne pense qu'à ça ! répondit Tracy. C'est tout ce qu'il veut faire, l'hiver ! Quand il ne joue pas au hockey, il veut regarder les matchs à la télé. C'est une obsession !

— Que dirais-tu si on l'inscrivait au hockey mineur l'an prochain ? Il aura six ans, c'est l'âge idéal pour commencer.

— Oui, c'est une bonne idée. »

C'est ainsi que, un an plus tard, du haut de ses six ans, le jeune Shea commence à jouer au hockey dans les ligues organisées.

C'est la meilleure décision que les Weber ont jamais prise. Shea se lie alors d'amitié avec Cody Franson, qui atteindra lui aussi un jour la LNH. Shea et Cody joueront même à Nashville ensemble pendant quelques années. Le père de Cody, Cal, était le gérant de l'aréna de Sicamous, si bien qu'il en avait les clés. Chaque fois que les deux garçons et leurs amis voulaient jouer au hockey, Cal les y faisait entrer !

Comme tous les garçons de son âge, Shea rêve de la Ligue nationale de hockey. Mais il a aussi un autre rêve : porter un jour les couleurs de l'équipe nationale du Canada.

À cette époque, Shea ne joue que pour s'amuser. Il ne préfère encore aucune position. Il passe de l'attaque à la défense, et vice-versa, souvent au gré de son humeur.

Grand sportif, il joue aussi au basketball, au volleyball, au soccer, etc. À l'école, il passe ses récréations à jouer au football.

Shea est particulièrement doué pour le baseball. Doté d'un bras puissant, il terrorise de nombreux frappeurs. Et il se débrouille bien au bâton.

Il passe donc ses hivers à l'aréna. L'été, on le voit sur les terrains de baseball.

C'est dans cette « routine sportive » que Shea grandit jusqu'à l'adolescence. James et Tracy, ses parents, doivent s'adapter au rythme de leurs deux garçons (Brandon aussi joue dans les ligues organisées). Ils établissent leur horaire de travail en fonction des matchs et des séances d'entraînement, des tournois, des joutes éliminatoires, etc.

Vers l'âge de 14 ou 15 ans, dans les rangs bantam, Shea joue pour un club dont son père est l'entraîneur. James se rend compte que l'équipe est à court de défenseurs. En fait, personne ne veut jouer à cette position !

James demande alors à son fils : « Dis-moi, n'aimerais-tu pas jouer à la défense cette saison ?

— À la défense ? Es-tu sérieux ? lui répond Shea, visiblement peu entiché de cette idée.

— Je ne te dis pas que tu joueras à la défense toute l'année, mais si tu voulais bien essayer, tu m'aiderais beaucoup. Et je pense que tu serais bon. »

À contrecœur, Shea accepte donc la proposition de son père, mais il découvre alors une chose inattendue. Comme il y a moins de défenseurs que d'attaquants, mais toujours 60 minutes de jeu dans un match, les défenseurs passent beaucoup plus de temps sur la patinoire que les attaquants… à la grande joie de Shea !

Celui-ci, se croyant fin renard, se dit que, même posté à la ligne bleue, rien ne l'empêchera d'attaquer et de compter des buts.

« Je vois que tu ne te limites pas à jouer à la défense, lui dit un jour son père, sourire en coin.

— Tu as remarqué ? lui répond Shea, un peu gêné.

— Pour autant que ton jeu défensif n'en soit pas affecté, je ne t'empêcherai pas de t'amuser. »

Voilà un conseil que Shea n'oubliera pas de sitôt.

Cela dit, James ne lui aurait pas proposé ce changement s'il n'avait pas deviné quelque chose de spécial chez son fils. Il se rend bien compte qu'il est doté d'un talent exceptionnel.

D'ailleurs, après quelques matchs, Shea se rend à l'évidence : jouer au poste de défenseur, c'est ce qui est le mieux pour lui. Grâce à son puissant lancer, à son gabarit et au style de jeu qu'il adopte naturellement, il est à l'aise. Il ne jouera plus jamais à l'avant.

À la même époque, Shea et les siens vivent une terrible épreuve. En pleine nuit, Tracy, sa mère, est secouée de convulsions. La petite famille attend, impuissante, l'arrivée de l'ambulance.

Après quelques examens, le diagnostic tombe : tumeur au cerveau. La famille est bouleversée. Une importante intervention chirurgicale permet de retirer à Tracy sa masse cancéreuse. Mais le mal est fait : les images resteront à jamais gravées dans la tête de James, Brandon et Shea.

2

SI PRÈS, MAIS SI LOIN

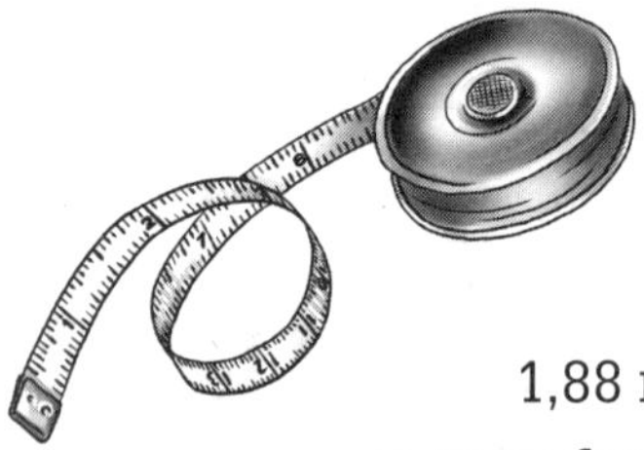

Le jeune Shea Weber prend du coffre : dans sa 15e année, il passe de 1,75 m (5 pi 9 po) à 1,88 m (6 pi 2 po). Il est en train de se transformer en géant. D'ailleurs, il sera plus tard qualifié d'« homme-montagne » par Mike Babcock, l'entraîneur-chef de l'équipe canadienne à la Coupe du monde de hockey de 2016.

Bien qu'il partage encore son temps entre le baseball et le hockey, Shea sait qu'il doit se concentrer sur l'entraînement hors glace s'il souhaite progresser au hockey. Il doit absolument augmenter sa masse musculaire, et c'est l'été qu'il peut passer le plus de temps au gymnase, pas pendant la saison de hockey. Sa véritable passion l'emporte donc sur le baseball.

Malgré sa progression physique et l'amélioration de son jeu, Shea vit l'une de ses premières grandes déceptions sportives cette année-là. En effet, ses qualités ne sont pas suffisantes pour qu'il soit repêché par un club de la Ligue junior de l'Ouest (WHL) lors de sa première année d'admissibilité.

Heureusement, les Weber sont des gens réalistes.

« Tu sais, Shea, Sicamous ne se trouve pas sur le circuit régulier des dépisteurs du hockey junior, lui dit sa mère, un soir, alors que toute la famille est attablée.

— C'est vrai, ajoute son père. Ces gens vont le plus souvent voir des clubs de niveau AA, et, ici, nous n'en avons pas à chaque saison. Ils croient donc que le calibre des joueurs d'ici ne vaut pas toujours le déplacement.

— Ils ne font pas bien leur travail, argue alors Shea. Ils sont payés pour dénicher les meilleurs joueurs de toute la province, même ceux des petites villes.

— Tu as raison, admet James, mais les gens prennent parfois des raccourcis. Ne pas venir à Sicamous, pour eux, c'est une sorte de raccourci. »

Déçu, Shea se promet intérieurement de redoubler d'ardeur afin de convaincre une équipe de lui faire signe. Il se retroussera les manches et tentera de montrer à tous les dépisteurs qu'ils se sont trompés à son endroit. Il veut prouver que les joueurs issus des petites communautés sont en mesure de se tailler une place dans le hockey junior majeur.

Dans ces moments-là, Shea trouve du réconfort auprès de ses amis de Sicamous. Ils forment un groupe solidaire depuis les toutes premières années de hockey, parfois depuis l'école primaire.

Shea peut aussi compter sur le soutien de ses grands-parents maternels et paternels. Quand il a le moral à zéro, il se tourne vers eux. Ses grands-parents l'ont toujours inspiré en raison de leur dévouement et de leur ardeur au travail.

Finalement, le talent de Shea ne passe pas inaperçu bien longtemps. Au cours de la saison qui suit ce repêchage, l'équipe bantam de Shea participe à un tournoi. Le défenseur attire alors l'attention d'un dépisteur des Rockets de Kelowna. Ce dernier convie son patron à assister à la prochaine partie du club de Shea. Dès le lendemain de ce match, les Rockets ajoutent le nom de Shea Weber à leur liste de protection, empêchant ainsi les autres équipes de lui faire des propositions. Voilà une décision qu'ils ne regretteront pas !

L'automne suivant, Shea participe au camp d'entraînement des Rockets, puis il se joint aux Eagles de Sicamous, un club junior B.

En 47 matchs avec les Eagles cette année-là, en 2001-2002, Weber amasse pas moins de 42 points, dont neuf buts. Et, preuve que le jeu robuste ne l'effraie pas, il passe 87 minutes au banc des pénalités. C'est un autre aspect de son jeu dont ses adversaires doivent dorénavant se méfier !

Les Eagles forment alors une excellente équipe. Leur bilan est de 43 victoires en 50 matchs. Des résultats spectaculaires ! Ils remportent le championnat de leur ligue, puis le tournoi provincial de hockey junior B, et finalement la coupe Keystone à titre de champions de l'Ouest canadien (ce tournoi regroupe les meilleures équipes junior B de la Colombie-Britannique, de l'Alberta, de la Saskatchewan, du Manitoba et du nord-ouest de l'Ontario).

Les dirigeants des Rockets de Kelowna n'ont évidemment rien raté des performances de Shea Weber. Ils décident donc de l'inviter à disputer les cinq derniers matchs de l'année dans la Ligue de l'Ouest (WHL). Shea y passera finalement les trois années suivantes... Et c'est là que, lui et moi, nous avons fait connaissance !

3

LES ROCKETS DE KELOWNA

Même s'ils n'ont pas repêché Shea Weber, les Rockets sont très heureux de pouvoir compter sur lui. L'entraîneur-chef, Marc Habscheid, apprécie la présence du robuste défenseur à la ligne bleue. À sa première saison complète, en 2002-2003, Shea, âgé de 17 ans, participe à 70 des 72 matchs.

Le physique imposant de Shea en fait une cible de prédilection pour les joueurs adverses, surtout ceux qui affectionnent la bagarre. La plupart des équipes de la LNH comptent alors au moins un batailleur dans leurs rangs. Les clubs juniors, dont le jeu a toujours été calqué sur celui de la LNH, ont donc adopté cette coutume.

Avec un physique comme le sien (Shea mesure déjà 1,93 m – 6 pi 4 po – et pèse plus de 90 kg – 200 lb), tous les durs à cuire veulent l'ajouter à leur tableau de chasse. À titre de jeune joueur désirant faire sa place au sein de la Ligue de l'Ouest – et, avouons-le, souhaitant faire bonne figure auprès de ses nouveaux coéquipiers –, Shea ne refuse pratiquement jamais de se battre. Résultat : il passe 167 minutes au banc des punitions en 2002-2003, un sommet qu'il n'atteindra jamais plus, pas même dans la LNH.

Puisque Kelowna n'est qu'à environ 90 minutes de route de Sicamous, ses parents peuvent assister à tous les matchs locaux ! Cela n'aurait pas été possible si Shea avait été repêché par les Wheat Kings de Brandon, au Manitoba, ou par les Winterhawks de Portland, dans l'État américain de l'Oregon, qui font également partie de la Ligue de l'Ouest.

Shea découvre alors que ses parents voient ses matchs d'un œil bien différent.

Pour Tracy, son cœur de mère fait en sorte que, peu importe le match que Shea vient de connaître, à ses yeux il s'agit toujours d'une bonne performance !

Chez James, par contre, c'est la tête qui parle. Bien conscient du talent de son fils, il sait que la Ligue nationale est à sa portée. Sans lui mettre exagérément de pression, il veut tout de même que Shea donne toujours le meilleur de lui-même.

« Tu sais, les choses ne tourneront pas toujours en ta faveur, aime lui rappeler son père. Je veux tout simplement que tu travailles sans relâche en toutes circonstances. Tant que tu feras cela, je serai heureux. »

On peut dire que Shea a tout fait pour ne jamais décevoir son père.

Les Rockets de Kelowna sont très puissants en 2002-2003. Shea croit que cette édition est la meilleure des trois qu'il a connues.

Cette saison-là, les Rockets amorcent une séquence de trois participations consécutives à la Coupe Memorial. Ce tournoi, qui se tient au mois de mai, oppose les champions des trois grandes ligues de hockey junior du Canada (Ouest, Ontario et Québec), plus une quatrième équipe, hôtesse du tournoi. Mais jamais Shea ne s'en attribuera tout le mérite ! Il est incapable de dire s'il s'est alors joint à une équipe puissante ou s'il a transformé les Rockets en club de premier plan.

En 2002-2003, le tournoi a lieu au Colisée de Québec, domicile des Remparts. Les Rockets connaissent un tournoi à la ronde bien ordinaire, avec une victoire et deux revers. L'équipe est ensuite stoppée en demi-finale par les Olympiques de Hull. La formation québécoise s'incline quant à elle en finale contre les Rangers de Kitchener.

Malgré la défaite, Shea tire les leçons de cette première expérience. Cela lui servira beaucoup dans les prochaines années.

À la suite de cette première saison dans le hockey junior majeur, Shea retient aussi l'attention des dépisteurs de la Ligue nationale, dont la mienne ! La Centrale de recrutement de la LNH le classe au 42e rang parmi les patineurs nord-américains. Du côté des Services internationaux de dépistage, le jeune Shea est au 54e échelon.

Le 21 juin 2003, tous les dirigeants de la LNH sont réunis à Nashville pour la séance de repêchage. Après avoir sélectionné un excellent défenseur (Ryan Suter) au premier tour, et deux autres joueurs au deuxième tour, le directeur général des Predators, David Poile, se range finalement de mon côté. Il fait de Shea Weber son quatrième choix, au deuxième tour, le 49e au total. Pas besoin de te dire que j'ai très bien dormi ce soir-là !

De son côté, Shea est aux anges ! Après avoir entendu son nom résonner dans l'aréna, il enlace longuement ses parents. À ce moment-là, tous les sacrifices, les allers-retours en voiture, les week-ends passés dans les arénas et les vacances sacrifiées pour les camps d'été lui reviennent à la mémoire. Il éprouve une immense gratitude envers Tracy et James. Gratitude qui ne le quittera jamais.

Mais Shea est loin d'avoir réalisé son rêve. Cette sélection, ce n'est que le début du chemin. Il se dit que, peu importe la somme de travail qu'il a jusque-là consacrée au hockey, il devra dorénavant en faire deux fois plus.

4

PREMIER CONTACT AVEC LA LNH

Shea Weber se présente au camp d'entraînement des Predators de Nashville à la fin de l'été 2003, la tête et le cœur légers. Quand on est un choix de repêchage de bon rang, on a habituellement toutes les chances de se faire valoir auprès des dirigeants de son nouveau club.

Shea sait mieux que personne ce qu'il doit faire pour se tailler un poste à Nashville. À titre de défenseur sélectionné au deuxième tour, et compte tenu de son physique imposant et de sa belle carrière au hockey junior, il sait aussi qu'on lui prêtera attention.

Cela dit, il ne croit pas qu'il sera retenu par l'entraîneur-chef, Barry Trotz, dès son premier essai. Shea se rend compte immédiatement que le niveau de jeu a augmenté, et de beaucoup ! Tous les joueurs qui participent au camp d'entraînement sont plus gros, plus rapides et, pour la plupart, plus expérimentés que ceux qu'il a l'habitude d'affronter dans la Ligue de l'Ouest.

Dans le hockey junior, Shea se frotte le plus souvent à des joueurs plus jeunes que lui et au physique moins avantageux. Cette fois, il se heurte à des hommes, à des joueurs de la LNH ! De plus, à cette époque, la plupart des équipes tiennent deux séances d'entraînement par jour, ce qui est épuisant.

Malgré tout, Shea est loin d'être dépassé par les événements et se débrouille même plutôt bien. Mais il ne s'illusionne pas : il sait qu'il retournera jouer à Kelowna pour encore au moins une année.

Le jour où les Predators le retranchent du camp d'entraînement, Barry Trotz lui adresse des paroles très encourageantes :

« J'imagine que ce n'est pas nécessairement une surprise pour toi, même si ce doit être très décevant. Pour ma part, je peux te dire que j'ai bien aimé ce que j'ai vu. Par contre, tu vas faire quelque chose pour moi : tu vas me mettre un peu de viande sur cette charpente ! »

À cette époque, les règlements de la LNH permettent encore aux gros défenseurs d'accrocher, voire d'intimider les attaquants adverses. Cela leur donne beaucoup de valeur. Les Preds souhaitent que Shea devienne le plus imposant possible, sans toutefois que ça affecte sa mobilité.

Il saisit le message. Il sait que la LNH, bien qu'elle lui soit accessible, n'est pas encore gagnée. Il ajuste donc son entraînement en conséquence. Et ça paraît sur la patinoire.

5

LES ROCKETS DE KELOWNA : DEUXIÈME SAISON

À sa deuxième saison avec les Rockets, Shea Weber améliore sa production offensive. Il compte 12 buts et amasse 32 points en 60 matchs. Il diminue également le temps qu'il passe au cachot, avec 126 minutes de pénalité. Le mot est passé au sein de la ligue : mieux vaut ne pas trop se frotter à Shea Weber !

Shea commence aussi à alimenter les discussions sur la scène internationale. Ce qui fait de lui l'un des meilleurs joueurs de son époque, c'est le succès qu'il connaît en portant les couleurs du Canada. Sa première sélection date de l'hiver 2004. Il participe au Défi ADT Canada-Russie, deux matchs contre les meilleurs espoirs russes qui viennent d'affronter ceux du Québec et ceux de l'Ontario.

L'équipe de l'Ouest remporte les deux matchs et Shea s'illustre surtout par son jeu défensif et physique, en plus de contribuer à l'offensive avec une aide.

Ces deux matchs lancent la carrière internationale de Shea. À la suite de cette première expérience, il représentera le Canada six fois sur la scène internationale, toujours avec beaucoup de succès.

Cette première sélection revêt tout de même une signification spéciale aux yeux de Shea. Comme tous les jeunes Canadiens amateurs de hockey, il a longtemps rêvé de porter le chandail orné de la feuille d'érable et de participer à la victoire de son pays devant parents et amis.

Obtenir cette chance lui procure une grande joie et un immense sentiment de fierté. Ces deux rencontres sont à la hauteur du rêve qu'il caressait depuis l'enfance.

De retour dans la Ligue de l'Ouest, les Rockets sont éliminés en demi-finale de la WHL par les Silvertips d'Everett. Mais ce n'est pas parce que Shea ne met pas la main à la pâte : il récolte pas moins de 17 points en 17 matchs !

Cela dit, la saison des Rockets n'est pas terminée pour autant. Puisque Kelowna est la ville hôtesse de la Coupe Memorial, le club de Shea est assuré de participer à ce tournoi pour la deuxième année de suite.

Les Rockets sont intraitables au cours de cette compétition. Ils remportent les trois matchs du tournoi à la ronde, ne concédant que deux buts à leurs adversaires. Ils se taillent ainsi une place en finale.

Pour cette rencontre ultime, ils affrontent les Olympiques de Hull, devenus les Olympiques de Gatineau. Les Rockets gagnent 2 à 1, à la grande joie de leurs partisans.

KELOWNA

Shea éprouve une grande joie. Soulever la coupe Memorial devant ses parents et amis, et aussi devant les partisans du club, n'a pas de prix. Il sait déjà que cet événement sera l'un des plus importants et des plus émouvants de sa carrière. Ses coéquipiers et lui sont très fiers d'avoir pu offrir ce championnat à la ville de Kelowna.

Shea termine le tournoi avec quatre points, dont un but, au neuvième rang des pointeurs, ce qui lui vaut d'être nommé au sein de l'équipe d'étoiles.

Après la conquête de la coupe Memorial, en septembre 2004, les Predators de Nashville font signer à Shea son tout premier contrat professionnel. Un contrat de trois ans, d'une valeur de 1 425 000 $ américains !

Économe de nature, Shea ne fait pas d'extravagances. L'achat d'un nouveau véhicule pour remplacer son vieux tacot est la seule dépense qui lui semble essentielle.

Il apprend par contre que signature de contrat ne rime pas avec accession à la LNH : retranché à l'issue de ce deuxième camp professionnel, il retourne dans la Ligue de l'Ouest.

Cette troisième saison de Shea à Kelowna est sa meilleure, même s'il ne joue que 55 matchs en raison d'une blessure à un genou. Il récolte 41 points, dont 12 buts, et son différentiel est de +12.

Mais il se souviendra surtout du temps des fêtes, et ce, jusqu'à la fin de ses jours.

6

LE CHAMPIONNAT DU MONDE JUNIOR

Une des plus importantes étapes dans la carrière d'un jeune hockeyeur est le Championnat du monde junior de la Fédération internationale de hockey sur glace. Les meilleurs espoirs de moins de 20 ans s'y retrouvent et le niveau est très relevé.

Chez les Weber, on suit religieusement ce tournoi. Chaque année, pendant les vacances de Noël, on règle le réveille-matin selon les matchs du Canada. En 2005, cette fois, les Weber se lèvent pour voir jouer l'un des leurs !

Lorsque Hockey Canada dévoile sa formation en vue du tournoi de 2005, qui a lieu au Dakota du Nord et au Minnesota, Shea explose de joie. Après avoir été ignoré au repêchage de la WHL, il sent enfin que toutes les heures passées au gymnase et sur la patinoire à peaufiner ses habiletés sont récompensées.

Shea est surpris et heureux d'avoir été sélectionné par son pays. Il a l'intention de profiter de cette chance et de prendre de l'expérience. Il ne se doute pas qu'il recevra cette invitation plusieurs autres fois au cours de sa carrière.

Pendant ce tournoi, Dion Phaneuf et lui forment la meilleure paire de défenseurs du Canada, et sans doute du tournoi. Menée par Sidney Crosby, Patrice Bergeron et Jeff Carter, l'équipe canadienne franchit la première phase du tournoi sans subir la défaite en quatre matchs.

En matchs éliminatoires, le Canada atteint la finale grâce à un gain de 3 à 1 contre la République tchèque. Mais la tâche s'annonce difficile en finale contre la puissante équipe russe menée par Alexander Ovechkin et Evgeni Malkin. Le Canada n'en fait toutefois qu'une bouchée, l'emportant 6 à 1 pour mettre la main sur une première médaille d'or en huit ans.

CANADA
CANADA

Comme la finale est disputée à Grand Forks, dans le Dakota du Nord, plusieurs Canadiens sont allés encourager les leurs. On dirait d'ailleurs que ce match a lieu au Canada ! Shea est au comble de la fierté quand hurle la sirène signalant la fin de la partie.

S'il n'inscrit pas son nom sur la feuille de pointage, il fait tout de même très bien avec un différentiel de +10, troisième du tournoi. Son partenaire, Dion Phaneuf, se retrouve quant à lui au sein de l'équipe d'étoiles, avec Jeff Carter et Patrice Bergeron. Ce dernier est nommé le joueur par excellence de la compétition.

À leur retour chez eux, les Rockets complètent une autre bonne campagne dans la Ligue de l'Ouest. En séries éliminatoires, Shea obtient 17 points en 18 matchs, dont neuf buts, menant ainsi son équipe à un second championnat en trois ans.

Nommé le joueur par excellence des séries, il fait partie de la première équipe d'étoiles de la ligue.

Finaliste au titre de meilleur défenseur, il s'incline devant Dion Phaneuf qui joue pour les Rebels de Red Deer. Phaneuf évolue aujourd'hui dans la LNH, avec les Sénateurs d'Ottawa.

Les Rockets ne sont par contre pas en mesure de défendre leur titre de la Coupe Memorial. À London (Ontario) cette année-là, l'équipe baisse pavillon à ses trois matchs du tournoi à la ronde.

Si le tournoi n'est pas à la hauteur des attentes de Shea et des Rockets, une chose est certaine : le jeune homme est maintenant mûr pour la Ligue nationale.

Au troisième camp d'entraînement de Shea avec les Predators de Nashville, l'entraîneur-chef, Barry Trotz, estime toujours qu'il doit peaufiner son jeu. C'est donc avec les Admirals de Milwaukee, dans la Ligue américaine de hockey, que le défenseur de Sicamous poursuit son aventure.

À Milwaukee, Shea rencontre quelques-uns de ses futurs coéquipiers chez les Predators : David

Legwand, Vernon Fiddler et le gardien finlandais Pekka Rinne, notamment. Ce dernier devient vite un de ses meilleurs amis.

Shea connaît tout un début de carrière chez les professionnels : en 46 matchs avec les Admirals, il marque 12 buts et récolte 15 mentions d'assistance !

Les Predators n'ont pas le choix : le jeu de leur protégé dans la Ligue américaine les force à le rappeler au début de janvier 2006. Quelques jours plus tard, Shea fait ses débuts dans la LNH.

Face aux Red Wings de Detroit, cela se passe plus ou moins bien. Utilisé à peine un peu plus de 11 minutes, Shea écope d'une pénalité et se trouve sur la patinoire pour l'un des buts des Wings, qui l'emportent 3 à 1.

De retour chez lui, Shea peut décrire à sa famille et ses amis presque chaque seconde de ce match ! Aujourd'hui encore, quand il se rappelle ce premier match dans la LNH, ses yeux s'illuminent et un large sourire fend son visage !

Un peu plus d'une semaine plus tard, le 15 janvier, Shea inscrit son premier point dans la Ligue nationale. Il récolte une aide sur le but vainqueur d'Adam Hall. Les Predators battent les Penguins de Pittsburgh 5 à 4.

Le 6 avril, lors de son 23e match, à 15:04 de la deuxième période, alors que son club bénéficie de l'avantage d'un joueur, Shea déjoue le gardien des Blues de St. Louis, Reinhard Divis, et marque son premier but dans la LNH grâce à un « boulet de canon » ! Voilà comment on appelle ses puissants lancers qui deviendront sa marque de commerce.

« Karyia à Weber qui tire sur réception... Et c'est le but ! » s'exclame le descripteur des matchs des Predators.

Les Predators gagnent le match 3 à 0. Shea récolte également une mention d'assistance. Une soirée inoubliable !

Pour qu'il n'oublie jamais ce moment très spécial, les Predators offrent à Shea la rondelle de la

WEBER
6

victoire sur une plaque commémorative. Il la fixe au mur aussitôt rentré chez lui !

Shea dispute 28 rencontres au cours de sa première campagne dans la Ligue nationale. Il amasse 10 points, dont deux buts, et un excellent ratio défensif de +8. L'équipe termine au deuxième rang de la section Centrale avec 106 points, derrière les puissants Red Wings qui récoltent 124 points.

Shea va maintenant goûter à une autre première : les séries de la coupe Stanley. En vertu de leur quatrième place dans l'Association de l'Ouest, les Predators accueillent les Sharks de San Jose au premier tour.

Malheureusement pour les Predators, les Sharks, très coriaces, les éliminent en cinq matchs. Shea ne participe pas au dernier match. Il compte deux buts au cours de cette série, mais son différentiel est de -3.

Une fois les Predators éliminés, Shea est cédé aux Admirals qui poursuivent leur route dans les éliminatoires de la Ligue américaine. Ils atteignent la finale, mais s'inclinent devant les Bears de Hershey en six matchs.

Shea dispute 14 matchs pour les Admirals au printemps 2006, marquant six buts en plus de se faire complice de cinq autres.

C'est à compter de sa deuxième campagne dans la LNH qu'il s'établit réellement comme l'un des piliers des Predators.

Utilisé dans 79 matchs par Barry Trotz, Shea quadruple sa production offensive, récoltant 40 points, dont 17 buts. Cette performance lui vaut d'ailleurs une invitation au Match des étoiles des jeunes joueurs.

Au terme de cette deuxième campagne, l'équipe nationale du Canada fait de nouveau appel aux services de Shea, cette fois au Championnat du monde.

7

CHAMPIONNAT DU MONDE ET CONTRAT

Si cette compétition est importante, elle est souvent un prix de consolation pour les joueurs de la LNH. En effet, puisque ce tournoi a lieu en mai, cela signifie que, si vous êtes sélectionné, votre équipe de la LNH ne participe pas aux séries éliminatoires ou qu'elle a été éliminée très tôt.

En mai 2007, le tournoi est disputé en Russie. Les règlements du hockey international sont beaucoup plus sévères pour les coups à la tête et Shea l'apprend à ses dépens. Après avoir donné un coup de coude au visage d'un joueur allemand, il doit purger une suspension de trois matchs !

Il jouera tout de même six autres rencontres, aidant le Canada à mettre la main sur la médaille d'or.

L'année suivante, en 2007-2008, même s'il rate plus d'un mois en raison d'une blessure à un genou, Shea termine la saison au 17e rang du scrutin en vue de l'attribution du trophée James-Norris, remis au défenseur par excellence de la LNH.

Au terme de sa troisième campagne à Nashville, Shea signe une prolongation de contrat de trois ans avec les Predators. Ses performances lui permettront de gagner 4,5 millions de dollars par année, soit 13,5 millions de dollars en tout !

David Poile et Barry Trotz ne regretteront pas de lui avoir consenti une telle somme. Shea se hisse immédiatement parmi les défenseurs d'élite de la LNH. En 2008-2009, il établit des records personnels avec 23 buts, 30 aides et 53 points. Il est d'ailleurs invité au Match des étoiles, le 25 janvier 2009, au domicile des Canadiens de Montréal.

Ce match a en quelque sorte lancé les festivités du centenaire des Canadiens. Heureux de se retrouver parmi les grandes vedettes de la ligue, Shea est fier d'être aux premières loges pour voir les pitreries d'Alexander Ovechkin pendant le concours d'habiletés, ou encore les exploits des étoiles qui en mettent plein la vue dans un match remporté 12 à 11, en tirs de barrage, par l'équipe de l'Association Est. Même s'il n'a pas réussi à noircir la feuille de pointage, Shea garde un excellent souvenir de cette première participation à la classique annuelle.

Pendant toute la durée de son nouveau contrat de trois ans, Shea ne dispute jamais moins de 78 matchs par année et ne récolte pas moins de 43 points. En 2009, il termine quatrième au scrutin du trophée Norris.

Quelques jours après l'élimination des Predators en 2009, Shea reçoit une nouvelle invitation de l'équipe nationale du Canada. Il participe de nouveau au Championnat du monde, à Berne et Kloten, en Suisse. Cette fois, ses responsabilités sont accrues au sein de l'équipe : il est l'adjoint du capitaine.

Shea connaît tout un tournoi ! Dans le match de première ronde contre la Slovaquie, il compte un but et récolte trois aides. Mais le tournoi se termine en queue de poisson pour le Canada : une défaite de 2 à 1 contre la Russie en finale. Shea repart toutefois de Berne avec les grands honneurs : meilleur marqueur parmi les défenseurs avec 12 points, dont quatre buts, il est nommé le meilleur défenseur du tournoi et sélectionné au sein de l'équipe d'étoiles.

Tu ne le croiras peut-être pas, mais cette médaille d'argent est la « pire » performance de Shea avec l'équipe nationale ! Après le Championnat du monde de 2009, Shea a été sélectionné trois fois par le Canada : aux Jeux olympiques de 2010 (Vancouver) et de 2014 (Sotchi), et à la Coupe du monde de 2016 (Toronto). Chaque fois, il gagne la médaille d'or.

Les Jeux olympiques de Vancouver sont particulièrement mémorables pour les hockeyeurs canadiens, mais aussi pour tous les amateurs de hockey du pays, puisque l'équipe du Canada remporte la médaille d'or de brillante façon.

Shea a d'abord marqué l'imaginaire des gens dans un match de qualification remporté 8 à 2 contre l'Allemagne. Il a décoché un lancer-frappé qui, en plus de tromper la vigilance du gardien Thomas Greiss, a percé le filet ! Il a fallu recourir à la reprise vidéo pour déterminer qu'il avait bel et bien marqué un but !

Puis, tu as sûrement vu les images qui ont marqué l'histoire du hockey au pays : Sidney Crosby a permis au Canada de remporter la médaille d'or en marquant le « but en or » en prolongation de la grande finale contre les États-Unis, semant l'hystérie au GM Place, rebaptisé Place du hockey du Canada pour la durée des Jeux olympiques.

J'ai eu l'immense honneur d'assister à cette rencontre et, crois-moi, tu aurais adoré ! Il fallait être sur place pour ressentir toute la joie et la fierté d'un pays lorsque Crosby a logé la rondelle derrière le gardien américain, Ryan Miller, après 7:40 de prolongation.

Pourtant, les 17 748 spectateurs étaient bien nerveux depuis le but égalisateur de Zach Parisé, réussi avec quelques secondes à faire en fin de troisième période. Et ils l'étaient lors de chaque incursion des Américains en territoire canadien au début de la prolongation.

Lorsque Crosby a reçu la rondelle de Jarome Iginla dans le cercle des mises en jeu, à la droite de Miller, c'est comme si le temps s'était arrêté dans l'aréna. On a senti que ça pouvait être LE moment qu'on attendait tous. On ne se trompait pas ! Après avoir oublié de respirer pendant une seconde, les spectateurs se sont tous levés d'un bond pour célébrer ce but historique en compagnie de tous les joueurs canadiens.

Dans ce tournoi, Shea amasse six points en sept matchs, ce qui lui confère la deuxième place parmi les défenseurs. Il est également nommé au sein de l'équipe d'étoiles.

CANADA

Cette médaille d'or vaut à Shea Weber et à ses coéquipiers britanno-colombiens d'être intronisés au Temple de la renommée des Sports de la Colombie-Britannique en septembre 2011.

Malheureusement, la suite de cette campagne 2009-2010 est plutôt ordinaire pour Shea et les Predators. Ils sont de nouveau exclus en six matchs au premier tour des éliminatoires de la LNH, cette fois contre les Blackhawks de Chicago. Petit baume sur cette plaie : Shea est de nouveau finaliste pour le trophée Norris et termine en septième place.

Par ailleurs, sur le plan personnel, Shea vit des heures difficiles. Ce printemps-là, Tracy, sa mère, ne va pas bien. Elle reconnaît les symptômes et s'en inquiète. Après une batterie de tests, les médecins confirment ce qu'elle redoute : elle a de nouveau le cancer et on ne peut plus la sauver. La tumeur est inopérable et la chimiothérapie est hors de question. Plongée dans un coma artificiel au début de l'été, elle meurt le 11 août 2010.

8

CAPITAINE SHEA

Shea Weber ne le sait pas encore, mais les Predators de Nashville sont sur le point de lui faire un grand honneur.

Comme tu es en mesure de le constater, Shea a toujours fait preuve de persévérance et d'ardeur au travail, deux qualités souvent évoquées quand on parle de leadership. Tous les experts du hockey s'entendent là-dessus : Shea Weber est un grand leader.

Le leadership est une force bien difficile à décrire et à quantifier. Il ne suffit pas de comparer les statistiques des joueurs pour déterminer qui est le meilleur leader.

Le dictionnaire *Larousse* nous dit qu'un leader est une personne qui, au sein d'un groupe, « prend la plupart des initiatives, mène les autres membres du groupe, détient le commandement ». Voilà une définition qui semble bien coller à ce que Shea fait depuis le début de sa carrière dans la LNH.

Dans le cas d'un joueur de hockey, le leadership peut aussi s'exercer hors de la patinoire. De ce côté-là aussi, Shea prêche par l'exemple.

Dans le vestiaire, Shea n'est pas du genre à prononcer de grands discours, que ce soit avant un match ou entre les périodes. Mais il est très calme et ne cherche jamais à attirer l'attention.

Sur la glace, quand vient le temps de mettre en échec un adversaire ou de décocher un boulet de canon, il est souvent celui qui relève le défi.

Shea se donne à chaque séance d'entraînement et à chaque présence sur la patinoire. Il n'accepte pas les demi-mesures. Son leadership, il l'exerce en donnant l'exemple.

Pour toutes ces raisons, les dirigeants des Predators de Nashville font de Shea Weber leur capitaine, le cinquième de l'équipe, le 8 juillet 2010, alors qu'il n'est âgé que de 24 ans. Il est très surpris lorsqu'il reçoit le coup de fil de Barry Trotz, mais aussi fier et honoré.

À cette époque, Shea est l'un des plus jeunes capitaines de la LNH. Il remplace Jason Arnott, échangé aux Devils du New Jersey pendant l'été. S'il n'est pas rare de nos jours que des joueurs de 19 ou 20 ans soient nommés capitaines, ce n'est alors pas la coutume.

Shea occupe ce poste pendant six ans. Il est le joueur qui a été le capitaine le plus longtemps dans l'histoire de l'équipe.

Shea aurait bien aimé que sa mère puisse le voir mener ses coéquipiers en portant le « C » sur son chandail des Predators, mais Tracy décède à peine un mois après la nomination de son fils. Shea se console en se disant que sa mère l'a au moins vu gagner la médaille d'or aux Jeux olympiques de Vancouver.

La saison 2010-2011 permet à Shea d'établir deux nouvelles marques personnelles : il joue 82 matchs et récolte 32 aides. Élu au sein de la première équipe d'étoiles de la LNH, il termine deuxième au scrutin du trophée Norris, derrière l'excellent Nicklas Lidström des Red Wings de Detroit.

Le 11 janvier 2011, Shea a l'honneur d'être invité pour la deuxième fois de sa carrière au Match des étoiles de la LNH, disputé le 30 janvier à Raleigh, en Caroline du Nord.

Le 9 février, il atteint un plateau peu banal pour un défenseur : il récolte le 200e point de sa carrière dans un match contre les Red Wings.

Sans avoir de grandes vedettes, les Predators sont tout de même une très bonne équipe. En plus de Shea, l'un des meneurs est le gardien de but Pekka Rinne, l'un des meilleurs de la LNH cette saison-là. Shea sent que l'équipe peut aller

35
C

loin dans les séries éliminatoires. Il ne se trompe pas de beaucoup.

Pour la première fois de leur histoire, les Predators atteignent le deuxième tour après avoir battu les Ducks d'Anaheim en six matchs. Shea en est très fier.

Par contre, les Canucks de Vancouver sont trop forts dans l'Ouest ce printemps-là. Ils éliminent les Predators en six matchs, avant de disposer des Sharks en cinq. Les Canucks manquent par contre de munitions au pire moment, perdant les deux derniers matchs de la finale contre les Bruins de Boston. Ceux-ci remporteront finalement la coupe Stanley au terme de sept affrontements.

Cet échec au deuxième tour des éliminatoires ne fait qu'aiguiser l'appétit de Shea. Malheureusement pour lui, cette étape est un plafond de verre qu'il ne pourra jamais fracasser.

Shea connaît une autre saison couronnée de succès en 2011-2012 : 19 buts et 30 mentions d'assistance pour 49 points ; une élection au sein de la première équipe d'étoiles de la LNH ; et une nouvelle fois deuxième au scrutin du trophée Norris.

De nouveau, les Predators atteignent les quarts de finale des séries de la coupe Stanley. Cette fois, ce sont les Coyotes de Phoenix qui ont raison de Shea et de sa troupe.

9

LA FIN AVEC LES PREDATORS ?

Quand on se fait éliminer, on se dit souvent qu'on fera mieux l'année prochaine. C'est toujours ce que Shea se répète après la dernière défaite dans les éliminatoires. Malheureusement, les Predators entament alors une traversée du désert à laquelle Shea a bien failli ne pas prendre part.

C'est l'été et Shea est de nouveau « joueur autonome avec restriction ». Cela signifie que les autres clubs de la LNH peuvent lui soumettre un contrat, mais que les Predators ont le droit d'égaler cette offre pour le garder. Sinon, si les Predators le laissent partir, ils recevront des choix au repêchage en guise de compensation. C'est un procédé que les directeurs généraux utilisent rarement, bien que les règlements le leur permettent, en raison des tensions qu'une telle manœuvre provoque entre les clubs.

À l'été 2012, les Flyers de Philadelphie décident pourtant de soumettre une proposition audacieuse au défenseur des Predators : un contrat de 14 ans et de 110 millions de dollars !

Seulement deux contrats de la LNH ont une durée plus longue, et un seul, celui d'Alexander Ovechkin, à 124 millions de dollars, est plus lucratif. Shea, qui a 26 ans, serait fou de refuser l'offre des Flyers.

David Poile, le directeur général des Predators, sait très bien que son jeune défenseur étoile est l'objet de convoitises. Mais il joue cartes sur table en déclarant publiquement qu'il égalera toutes les propositions. Après quelques jours de réflexion, il tient parole.

Selon Poile, son capitaine va mener l'équipe pendant les 14 saisons couvertes par ce nouveau contrat. Il faudra attendre quatre ans avant que Marc Bergevin, le directeur général des Canadiens de Montréal, ne le convainque du contraire.

Au cours des deux années suivantes, les Predators connaissent une baisse de régime et ne réussissent pas à se qualifier pour les séries éliminatoires. Leur jeu collectif est mauvais.

Pourtant, sur le plan individuel, Shea ne joue pas si mal. Il égale d'ailleurs sa marque personnelle avec 23 buts en 2013-2014. À ce chapitre, il est le défenseur le plus productif de la LNH. Et ses 56 points lui permettent d'établir un nouveau record d'équipe chez les défenseurs – record qui appartenait jusque-là à Kimmo Timonen – et de terminer au premier rang parmi les défenseurs de la ligue.

En février 2014, Shea vit un autre grand moment lorsqu'il est de nouveau sélectionné pour les Jeux olympiques, à Sotchi. Les dirigeants de l'équipe nationale lui font aussi un bel honneur en le nommant adjoint du capitaine.

« Quel effet ça te fait d'avoir un "A" sur ton chandail ? lui demande un journaliste après la première séance d'entraînement en Russie.

— J'ai du mal à croire que je suis l'adjoint de Sidney Crosby au sein de cette grande équipe, répond Shea. Regardez autour de vous : il y a tant de joueurs qui sont les capitaines de leur équipe respective que n'importe qui d'autre aurait pu être choisi. »

Le Canada est étincelant au cours de ces Jeux olympiques, n'accordant que trois buts en six matchs. On n'avait rien vu de tel depuis les Jeux de 1928 à Saint-Moritz (Suisse), alors que le Canada avait blanchi tous ses adversaires dans un tournoi de trois rencontres.

Malgré tout, le Canada a bien failli ne pas pouvoir défendre son titre de Vancouver. En quart de finale, le gardien de la Lettonie, Kristers Gudlevskis, connaît le match de sa vie. Le Canada le bombarde de 57 lancers, mais le Letton effectue rien de moins que 55 arrêts !

C'est d'ailleurs 1 à 1 jusqu'à 13:06 de la troisième période, lorsqu'un certain Shea Weber déjoue Gudlevskis à l'aide d'un boulet de canon pour assurer la victoire aux Canadiens ! Les quelque 10 000 spectateurs réunis au Palais des glaces Bolchoï offrent une ovation au gardien letton à la fin du match.

« Content d'avoir marqué ce but, Shea ? lui demande un journaliste après la rencontre.

— Je pense qu'on peut parler d'un grand soulagement, répond Shea. Tout le monde voulait compter ce deuxième but. De la façon dont Kristers gardait le filet de l'autre côté, nous ne voulions pas que ses coéquipiers lui donnent une avance pour lui permettre de travailler avec encore plus de confiance. De notre côté, Carey n'a pas été très occupé, mais il a su faire les arrêts clés pour nous garder dans ce match. »

Quelques instants plus tard, Carey Price, qui est maintenant le coéquipier de Shea dans la LNH, dit : « On doit demeurer bien concentré dans ce genre de situation. J'ai seulement tenté de faire ma part. »

Le Canada et les États-Unis croisent de nouveau le fer en demi-finales. Encore une fois, le duel est serré entre ces deux grands rivaux, mais le Canada l'emporte 1 à 0. Les champions en titre obtiennent ainsi leur laissez-passer pour la finale, où les attend la Suède.

Bien que chaudement disputée, cette finale est à sens unique : la Suède ne réussit que 24 tirs au but et le gardien Carey Price réalise un deuxième blanchissage consécutif. Jonathan Toews, Sidney Crosby et Chris Kunitz marquent les buts du Canada. Shea se fait complice de celui de Toews.

C'est la première fois qu'un pays réussit à défendre son titre olympique depuis le sacre de l'Union soviétique, l'ancêtre de la Russie, en 1988. Le Canada devient aussi la première équipe invaincue dans ce tournoi depuis 1984.

Sa récolte de six points, dont trois buts, permet à Shea de terminer au neuvième rang des pointeurs, troisième parmi les défenseurs. Seuls le Suédois

Erik Karlsson et son coéquipier Drew Doughty font mieux que lui.

Ses deux médailles d'or olympiques, Shea les conserve dans un coffre-fort dont son père, James, a la garde !

De retour dans la LNH, le nom de Shea Weber alimente de nouveau les scrutins en vue des honneurs individuels à la conclusion de la saison 2013-2014. Il est nommé dans la deuxième équipe d'étoiles et termine troisième dans la course au trophée Norris.

10

LA GUIGNE SE POURSUIT

Si les Predators renouent avec le succès en 2014-2015, leur parcours dans les séries éliminatoires n'est pas plus long pour autant. En effet, ils s'inclinent dès le premier tour devant les Blackhawks de Chicago, futurs gagnants de la coupe Stanley. Shea est de nouveau élu sur la seconde équipe d'étoiles.

En 2015-2016, Shea atteint pour la troisième fois de sa carrière le plateau des 20 buts. Le 5 décembre, il réussit son seul tour du chapeau jusqu'ici, dans une défaite de 5 à 4 contre les Red Wings à Detroit. C'est aussi le premier tour du chapeau d'un défenseur dans l'histoire des Predators. De ses 20 buts, 14 sont marqués en avantage numérique, ce qui égale un record d'équipe établi quelques années plus tôt par Paul Karyia, un ailier gauche. Il ajoute 31 aides pour conclure la campagne avec 51 points.

Les Predators ont du mal à tirer leur épingle du jeu dans la très forte section Centrale, mais ils prennent le quatrième rang en vertu de leurs 96 points. Du coup, ils se qualifient pour les séries éliminatoires.

Après avoir difficilement battu les Ducks d'Anaheim en sept matchs, les Predators ont rendez-vous avec les Sharks de San Jose. Plusieurs experts croient que ces derniers vont gagner leur première coupe Stanley.

Les Predators perdent les deux premiers matchs, mais gagnent les deux suivants, dont le quatrième en troisième période de prolongation !

Les deux équipes s'échangent ensuite une victoire, dont une de 4 à 3 en prolongation pour les Predators dans la sixième rencontre à Nashville.

Shea ne le sait pas à ce moment-là, mais il vient de jouer pour la dernière fois au Bridgestone Arena, devant ses partisans.

Trois jours plus tard, il dispute la dernière rencontre de sa carrière dans l'uniforme des Predators. Les Sharks l'emportent 5 à 0 et Shea joue sans doute son pire match dans la LNH. Son différentiel défensif est de -3. C'est simple : chaque fois que les Sharks marquent un but, Shea est sur la patinoire. La « malédiction du deuxième tour » frappe de nouveau les Predators.

Quelques heures après l'élimination, Shea se promet bien de mener un jour son club aux grands honneurs. Il n'aura par contre jamais l'occasion de le faire.

S'il termine 10e au scrutin du trophée Norris, son leadership est une nouvelle fois reconnu, puisqu'on lui remet le trophée Mark-Messier.

Créé en 2006, ce trophée récompense le leadership du lauréat, autant sur la glace que dans la vie de tous les jours. Les dirigeants de la LNH établissent la liste des finalistes, mais c'est l'ex-joueur étoile Mark Messier qui choisit le gagnant.

Mark Messier
NHL Leadership Award

Le 22 juin 2016, Shea est ainsi préféré aux attaquants Alexander Ovechkin et John Tavares.

Si son jeu pèse lourd dans la balance, c'est aussi pour son implication dans la lutte contre le cancer que Shea est honoré.

En effet, depuis 2011, Shea et son vieil ami d'enfance Cody Franson organisent le tournoi de golf Sicamous Shoutout. Tous les profits sont versés à la Fondation britanno-colombienne du cancer. Puis, en 2013, avec son coéquipier Pekka Rinne et les Predators, Shea met sur pied le 365 Pediatric Cancer Fund, un fonds au bénéfice de l'hôpital pour enfants de l'Université Vanderbilt, à Nashville.

Il n'aura pas le temps de célébrer cet hommage bien longtemps : quelques jours après qu'on lui a remis le trophée Mark-Messier, sa carrière et sa vie sont complètement chamboulées.

11

LA TRANSACTION

Le 29 juin 2016, les directeurs généraux David Poile et Marc Bergevin concoctent une transaction qui a l'effet d'une bombe sur la planète hockey.

Ce jour-là, les Canadiens de Montréal échangent un joueur fort populaire auprès des amateurs, mais beaucoup moins auprès de la direction et de ses coéquipiers : P.K. Subban.

Bergevin n'a pas droit à l'erreur. En retour du défenseur n° 1 de son club, il doit obtenir un joueur de même stature et au talent égal afin de contrer la grogne populaire qu'entraînera l'annonce de cette transaction.

P.K. Subban est une super-vedette et peu de joueurs ont ce profil dans la LNH. Seule une autre super-vedette peut le remplacer. Bergevin a identifié l'un de ces joueurs : Shea Weber. Il ne reste plus qu'à convaincre Poile de le laisser partir.

La tâche s'annonce difficile. Après l'élimination en sept matchs des Predators au deuxième tour des séries au printemps, Poile déclare que sa formation est la meilleure de l'histoire des Predators. Il ajoute même que tout changement apporté pendant l'été sera minime.

Mais Poile se laisse convaincre par Bergevin. Non pas parce qu'il aime plus Subban que Weber, mais parce qu'il est persuadé que ce changement sera bénéfique pour son équipe dans l'immédiat, mais aussi à longue échéance.

Lorsque Poile contacte Shea pour lui annoncer la nouvelle, c'est tout un choc pour ce dernier. Jamais il ne s'attendait à faire partie d'une transaction. À ses yeux, une organisation qui te repêche et te donne un contrat comme le sien ne peut pas t'échanger.

Une fois la surprise passée, c'est la tristesse qui s'empare de Shea. Il vient de passer les 11 dernières années de sa vie à Nashville. C'est là que sa conjointe, Bailey, et lui ont vu naître leurs deux enfants, Beckette et Kenley. Pour Shea, Nashville, c'est chez lui.

C'est d'ailleurs avec Bailey qu'il vit les premières heures de cette tempête. Shea sait bien qu'une transaction peut survenir à tout moment dans la vie d'un hockeyeur. Mais en vertu de son statut au sein de l'équipe (il en est le capitaine depuis six ans), il se croyait un peu à l'abri.

Il n'a pas beaucoup de temps pour encaisser ce choc. Déjà, les demandes d'entrevues affluent. Dès l'après-midi, il doit participer à une téléconférence avec les journalistes de Nashville et de Montréal.

Il admet que l'avant-midi a été difficile et rempli d'émotions. Mais une fois le choc absorbé, il se sent excité à l'idée de vivre à Montréal une expérience qu'aucune autre ville de la Ligue nationale ne peut offrir. Il a envie de relever cet important défi.

Mais dès l'annonce de l'échange, les partisans montréalais la critiquent sur les réseaux sociaux. On peut lire, entre autres commentaires : « Je suis un ex-fan des Canadiens depuis le 29 juin 2016 » ; « Le 29 juin 2016, jour où le Canadien a envoyé promener ses partisans. » Et ainsi de suite.

Tu parles d'un accueil !

Plusieurs croient que les Canadiens se sont fait flouer, puisque Subban est plus jeune que Shea. D'autres soulignent que le style de Subban est mieux adapté au hockey moderne fondé sur les relances, la rapidité, le contrôle de la rondelle, etc. Pour ces partisans, Shea fait partie de la « vieille garde » des défenseurs de la LNH. Ces joueurs-là sont plus portés sur le jeu physique et la robustesse que sur la maîtrise de la rondelle et la finesse.

Peu importe : Shea veut montrer à ces partisans passionnés de quel bois il se chauffe ! Après tout, il est l'un des meilleurs pointeurs parmi les défenseurs en avantage numérique, et son lancer est le plus puissant de la LNH.

Shea connaît déjà un peu l'ambiance qui règne à Montréal. D'ailleurs, il a toujours aimé jouer au Centre Bell ; c'est même un de ses arénas préférés. Il a bien hâte d'éprouver les sensations que lui procureront ces 41 matchs par année.

Une chose est certaine : un échange impliquant un joueur de la trempe de Shea Weber provoque toute une commotion aux quatre coins de la Ligue nationale ! C'est plutôt rare qu'une super-vedette est échangée ; deux, c'est pratiquement du jamais-vu !

Cela dit, Shea met quelque temps à se remettre de ce bouleversement. Tout va très vite. Les sollicitations des médias de Nashville et de Montréal semblent incessantes.

De plus, Shea doit organiser sans tarder sa nouvelle vie et celle de sa famille. C'est ce qui est le plus difficile. Même s'il ne s'attendait pas à être échangé, il savait que c'était possible. Mais le déracinement de sa famille lui est particulièrement pénible.

Shea décide alors d'utiliser toutes les ressources à sa disposition. Il passe d'abord un coup de fil à Carey Price, avec qui il s'est lié d'amitié au sein de l'équipe nationale du Canada. Il joint également Josh Gorges, un ancien coéquipier chez les Rockets, qui a joué pendant plusieurs années à Montréal.

Shea questionne Price et Gorges sur tous les aspects de la vie à Montréal. Où les joueurs habitent-ils ? Est-ce loin du Centre Bell et du complexe d'entraînement de Brossard ? Y a-t-il des services de garde pour les jeunes enfants (Shea et Bailey ont un garçon de trois ans, Beckette, et une fille de deux ans, Kenley) ? À quoi ressemble la vie à Montréal ? Où sont les bons restaurants ? Que peut-on faire pour s'y divertir ? Comment sont les partisans de l'équipe ?

Une fois cette « enquête » terminée, Shea et Bailey prennent l'avion pour Montréal. Ils visitent leur nouvelle ville d'adoption, mais surtout Brossard où ils ont décidé de s'installer. Ils achètent une maison dans le quartier où résident plusieurs des nouveaux coéquipiers de Shea.

Située sur la Rive-Sud de Montréal, Brossard est une banlieue qui compte quelques quartiers très cossus, notamment celui où la plupart des joueurs du Tricolore ont élu domicile. Le style « nouveau manoir » de ce quartier est impressionnant : les immenses maisons en pierre se succèdent dans ce dédale de rues où circulent les voitures de luxe.

Bien qu'il y manque un peu de verdure – le quartier ne date que de quelques années –, Shea constate que l'endroit a beaucoup à offrir. La proximité du complexe d'entraînement, d'un immense centre commercial, de bons restaurants et, surtout, de plusieurs coéquipiers, a convaincu les Weber.

Shea trouve tout de même ce processus éreintant et un peu stressant. Il faut bien sûr vendre la résidence de Nashville avant d'organiser un déménagement sur près de la moitié d'un continent, tout en veillant sans cesse au confort de la famille. Shea n'est pas fâché quand tout est terminé !

Il lui reste ensuite à faire connaissance avec ses nouveaux compagnons. En plus des joueurs et des entraîneurs, il rencontre tous les membres du personnel des Canadiens : préposés à l'équipement, secrétaire de voyage, responsables des communications, etc.

Aujourd'hui, Shea ne sait toujours pas si ces chambardements ont été plus difficiles à vivre pour lui ou pour sa famille. D'une certaine façon, ils ont tous subi un stress équivalent, mais différent : lui, sur le plan professionnel, et eux, sur le plan personnel.

Dans toute cette aventure, Shea est heureux que ses enfants soient en bas âge. Ils n'ont pas à vivre un changement d'école ou à laisser plusieurs amis derrière eux. À Brossard, Beckette et Kenley fréquentent un service de garde bilingue, ce qui permet à leurs parents de se familiariser peu à peu avec le français.

Shea est d'ailleurs très heureux de pouvoir compter sur Bailey. Qu'elle soit à ses côtés pour s'occuper de l'aspect humain de ce bouleversement lui est d'une aide précieuse. Une fois tout ce chamboulement mis derrière lui, Shea peut enfin se concentrer sur le hockey.

Avec le recul, il faut admettre que David Poile ne s'est pas trompé. Pour la première fois de leur histoire, les Predators atteignent la finale de la coupe Stanley au printemps 2017. Même s'ils s'inclinent en six matchs devant les Penguins de Pittsburgh, Poile a pour l'instant gagné son pari, et Subban a très bien joué.

12

PETIT DÉTOUR PAR TORONTO

Avant de se présenter à son premier camp d'entraînement des Canadiens de Montréal, Shea reçoit une nouvelle invitation de l'équipe nationale. À l'âge de 31 ans, il prendra part à la Coupe du monde de hockey, à Toronto, en septembre 2016.

À titre d'adjoint du capitaine, Shea participe aux six victoires des siens. Le Canada bat la Finlande en deux matchs dans la finale au meilleur de trois rencontres pour mettre la main sur le précieux trophée. Comme c'est un peu la coutume des dernières années au hockey international, le Canada est trop fort pour les autres nations !

Le palmarès de Shea sur la scène internationale démontre qu'il est l'un des meilleurs joueurs de sa génération dans la LNH, mais aussi l'un des meilleurs hockeyeurs au monde.

De retour à Montréal, il découvre dès le camp d'entraînement que jouer dans cette ville n'est pas comme jouer à Nashville ! Le Complexe sportif Bell de Brossard est plein à craquer pour chacune des séances que dirige l'entraîneur-chef de l'époque, Michel Therrien. Et ces installations sont parmi les meilleures de la LNH. La patinoire est la réplique exacte de celle du Centre Bell ; les bandes sont ornées des mêmes publicités ; et les baies vitrées sont semblables. L'expérience sur la patinoire est absolument la même pour les joueurs.

Le vestiaire aussi est une réplique de celui du Centre Bell. Les joueurs sont même assis au même endroit.

Les soigneurs et les préposés à l'équipement disposent aussi de leurs propres espaces, comme au Centre Bell. Ce complexe d'entraînement est très apprécié de tous.

À Montréal, les faits et gestes de tous les joueurs sont scrutés par une meute de journalistes, qui ne cesse de grossir, année après année. Dans le vestiaire, cette promiscuité rend la vie difficile à tout le monde. Le manque d'espace, les demandes « extravagantes » de certains médias et l'indisponibilité de certains joueurs peuvent créer un climat pénible.

Mais Shea sait fort bien que c'est cet engouement des partisans montréalais qui rend cette organisation si spéciale, et il savoure chaque minute. Il aime le trajet qui le mène de sa voiture, depuis le garage souterrain réservé aux joueurs, jusqu'au vestiaire. Après avoir gravi un petit escalier métallique qui le conduit à quelques mètres du vestiaire, il passe devant une superbe vitrine où 24 répliques de la coupe Stanley rappellent les 24 titres du club montréalais.

À la droite des portes en acier brossé du vestiaire – d'aspect futuriste, elles glissent à l'intérieur des murs, comme dans un vaisseau spatial ! – se trouvent la photo d'équipe. Trois versions de la photo orneront le mur en cours d'année : la première est prise après le camp d'entraînement. La deuxième, à mi-saison. Et la troisième, après la campagne.

Dans le vestiaire, les murs sont ornés des photos de tous les joueurs des Canadiens membres du Temple de la renommée du hockey. On peut aussi y lire deux vers du poème de John McCrae, *In Flanders Fields* (en français : *Au champ d'honneur*) : « Nos bras meurtris vous tendent le flambeau. À vous toujours de le porter bien haut. » C'est ce flambeau qui sert à embraser la glace du Centre Bell avant chaque match.

De plus, Shea est très heureux qu'on lui ait proposé de devenir l'un des assistants du capitaine, Max Pacioretty. Il a été lui-même le capitaine des Predators de Nashville, mais pas question de prendre la place de Max à Montréal ! Shea sera donc un des trois adjoints, en compagnie de Tomas Plekanec et d'Andrei Markov.

Shea est très fier d'être un des leaders de cette organisation riche d'une histoire si prestigieuse. D'ailleurs, à son arrivée à Montréal, il a appelé

S. WEBER 6
WEBER
Reebok

Max Pacioretty pour lui proposer son aide. Il lui a dit de ne jamais hésiter à discuter avec lui de quelque question que ce soit. Shea a six années d'expérience à titre de capitaine dans la Ligue nationale et il compte en faire profiter le capitaine des Canadiens.

À Montréal, Shea continue de démontrer tout son leadership, autant sur la glace que hors de la patinoire. Il s'implique encore dans la communauté, notamment auprès de la Fondation des Canadiens pour l'enfance.

Le 13 octobre 2016, Shea Weber écrit son nom dans l'histoire du Club de hockey Canadien. Ce soir-là, au KeyBank Center de Buffalo, Shea et les Canadiens l'emportent 4 à 1. Il inscrit son tout premier point dans son nouvel uniforme : une aide sur le troisième but, le second de la soirée de Brendan Gallagher.

Cinq jours plus tard, cette fois, c'est vrai : Shea fait officiellement la connaissance de ses nouveaux partisans lors du premier match à Montréal.

L'organisation est réputée pour ses somptueuses cérémonies d'avant-match, et celles du 18 octobre 2016 sont à la hauteur !

Shea est nerveux et il en a des frissons, ce qui ne lui arrive plus très souvent avant un match de la LNH. Il a déjà vu à la télé ces cérémonies, mais les vivre en personne est une tout autre expérience. C'est comme s'il jouait de nouveau son premier match dans la LNH ! Du moins, il éprouve les mêmes sensations.

Lorsque l'annonceur maison, Michel Lacroix, présente les joueurs, la foule se met de la partie. Le Centre Bell et ses quelque 22 000 spectateurs se mettent à vibrer. Si tu te trouvais à la sortie du corridor menant au banc de l'équipe, quand tous ces gens crient et applaudissent, tu en serais assourdi. La bâtisse en tremble, tellement les gens sont en liesse ! C'est à en donner la chair de poule !

Shea est blanchi lors de ce premier rendez-vous avec ses fans, mais les Canadiens l'emportent 4 à 0 contre les Penguins de Pittsburgh.

Deux jours plus tard, dans un gain de 5 à 2 face aux Coyotes de Phoenix, Shea compte son premier but avec les Canadiens et connaît son premier match de deux points avec ses nouveaux coéquipiers.

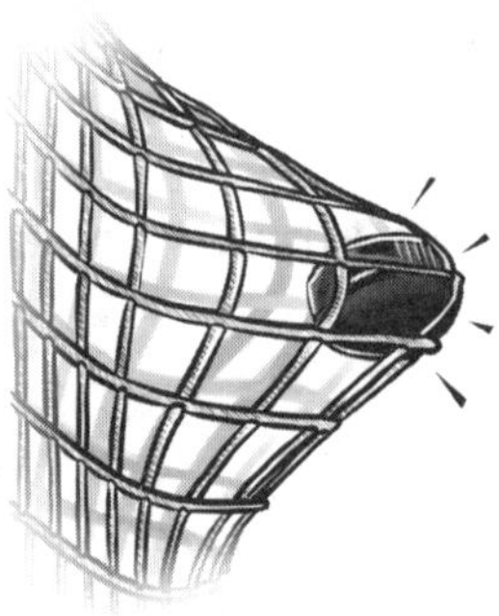

Tout va pour le mieux pour Shea et le Tricolore au cours de ce début de campagne. Le club ne subit qu'une défaite (en fusillade) à ses 10 premières sorties au cours desquelles Shea amasse 10 points, dont quatre buts. Il réussit même trois buts et quatre aides dans une séquence de quatre matchs !

Les Canadiens concluent leurs 20 premiers matchs en n'ayant subi que six revers, dont deux en prolongation ou en tirs de barrage. Et la production offensive de Shea est telle qu'on la connaît : huit buts, neuf mentions d'assistance. S'il poursuit la saison au même rythme, il battra tous ses records personnels !

Malheureusement, ça ne dure pas. Les Canadiens ralentissent, et de la fin novembre à la fin décembre, Shea connaît l'une de ses pires disettes en carrière. En 15 matchs, il ne compte qu'un but et n'ajoute que trois points à sa fiche.

Il ne s'en fait toutefois pas pour sa fiche personnelle. Après tout, il y a plusieurs façons d'aider son club. Shea peut par exemple empêcher ses adversaires de compter des buts. L'important, à ses yeux, est que l'équipe gagne.

Seulement, voilà : elle ne gagne plus. Au cours de sa vilaine séquence, l'équipe connaît sa première série de trois revers de la saison, et du 22 au 31 décembre, elle subit quatre défaites en cinq matchs.

Comme par magie, par contre, Shea retrouve ses moyens à Pittsburgh, la veille du jour de l'An. Même si l'équipe s'incline en prolongation, il termine le match avec une aide, qui lance une séquence de quatre matchs au cours desquels il récolte un but et cinq mentions d'assistance.

À partir du 9 janvier, l'équipe passe plusieurs semaines sans gagner deux matchs de suite. Si bien que Marc Bergevin sent le besoin d'intervenir. Le 14 février 2017, il congédie l'entraîneur-chef, Michel Therrien, pour le remplacer par Claude Julien.

Therrien était l'un de ceux qui avaient souhaité la venue de Weber à Montréal. L'entraîneur – avec raison – lui avait confié toutes les missions importantes. On peut dire sans se tromper que Shea était dans les bonnes grâces de Therrien. Comme ça avait été le cas auparavant avec tous ses entraîneurs !

En tant que leader de son équipe, Shea se sent coupable. Il a l'impression qu'il a abandonné son entraîneur.

Shea n'est pas habitué aux changements d'entraîneurs : ce n'est que son deuxième depuis ses débuts dans la LNH ! À son arrivée à Nashville, Barry Trotz était en poste depuis la fondation du club. Peter Laviolette l'avait remplacé en 2014 et avait dirigé Shea pour ses deux dernières années à Nashville. C'est donc dire qu'en moins d'une saison à Montréal, Shea vit déjà un changement d'entraîneur, chose qui ne lui était arrivée qu'une fois en 11 ans chez les Predators.

L'arrivée de Claude Julien relance l'équipe pour le dernier droit. Elle remporte 16 de ses 24 derniers matchs et termine au premier rang de la section Atlantique. De ces 24 duels, Shea en dispute 20. Il rate les quatre derniers en raison d'une blessure au genou. On veut qu'il soit en pleine forme pour les séries éliminatoires.

Malheureusement, l'attaque des Canadiens tombe de nouveau en panne sèche au premier tour éliminatoire, si bien que les Rangers de New York les éliminent en six matchs.

Shea est utilisé à toutes les sauces au cours de ces six rencontres. À deux reprises, il passe plus de 30 minutes sur la patinoire, soit la moitié du match ! Mais il devra encore patienter avant d'atteindre un jour, peut-être, le troisième tour des séries.

La tenue de l'équipe dans les éliminatoires est d'ailleurs sa seule déception au cours de cette première année à Montréal. Shea et ses coéquipiers avaient bon espoir de faire un long chemin dans ces séries de la coupe Stanley. Mais, comme nous tous, ils étaient maintenant condamnés à regarder les matchs à la télé…

Pendant ce temps, à Nashville, les Predators franchissent pour la première fois de leur histoire le deuxième tour, atteignant même la grande finale où ils s'inclinent devant les Penguins de Pittsburgh.

Shea est heureux pour ses anciens coéquipiers. Il compte encore beaucoup d'amis au sein des Predators, notamment Pekka Rinne, qu'il a rencontré dans la Ligue américaine, chez les Admirals de Milwaukee, et Mike Fisher, qui prend sa retraite l'été venu. À défaut de pouvoir lui-même gagner la coupe Stanley, il aurait bien aimé voir les Predators soulever le saladier d'argent !

S'il ne s'agit pas de sa meilleure saison quant aux statistiques, sa présence solidifie toutefois la défense montréalaise. Et même sans être capitaine, Shea s'impose comme l'un des leaders de l'équipe. Comme partout où il est passé…

26
CM
CM

11

13

LE CENTIÈME MATCH

Le 5 décembre 2017, à son 100e match dans l'uniforme des Canadiens, Shea marque deux buts et franchit le cap des 500 points en carrière. Même s'il ne fait pas partie de l'organisation depuis longtemps, il ressent une grande fierté d'avoir atteint ce plateau au sein d'une équipe à l'histoire si riche.

À tout jamais, son nom sera maintenant lié aux Canadiens de Montréal.

En vieillissant, Shea comprend que ses parents ont dû faire de nombreux sacrifices pour que son frère et lui puissent assouvir leur passion du hockey. Il leur en est extrêmement reconnaissant. Il dit souvent qu'il ne pourra jamais leur rendre tout ce qu'ils leur ont donné.

L'été, Shea revoit ses amis de Sicamous. Comme lui, la plupart d'entre eux ont des enfants, alors ces réunions sont maintenant « familiales ». Au lieu de faire les 400 coups ensemble, les garçons, devenus des hommes, s'assurent que leur marmaille n'en fasse pas !

Shea aurait aimé que sa mère puisse vivre auprès de lui les hauts et les bas de sa carrière de hockeyeur, mais aussi de sa vie de famille. Elle lui manque beaucoup, mais Shea tente d'inculquer à ses enfants les valeurs qu'elle lui a transmises, dont les plus importantes sont la moralité et le dévouement. Même si Tracy n'est plus là physiquement, Shea sait qu'elle l'accompagne dans tout ce qu'il fait, chaque jour de sa vie.

ÉPILOGUE

LE MOMENT DE SE DIRE AU REVOIR

Voilà ! J'espère que tu comprends maintenant un peu mieux tout ce que je ressens à voir évoluer Shea Weber dans la Ligue nationale de hockey !

Voir Shea, que je connais depuis sa jeunesse, devenir un joueur étoile, mais surtout un homme mature, me remplit d'une immense fierté.

Bien sûr, j'aurais souhaité qu'il passe toute sa carrière avec les Predators de Nashville. Après tout, ce sont toujours eux qui me permettent de faire ce que j'aime le plus au monde : découvrir de jeunes talents et les voir progresser jusqu'à la LNH. Tout de même, voir l'un de ses protégés jouer avec les Canadiens de Montréal, avec toute leur riche histoire, ce n'est pas trop mal non plus !

De Sicamous à Kelowna, puis à Montréal, en passant par Nashville, Vancouver et Sotchi, ça en fait, du chemin, pour un « p'tit gars » de la Colombie-Britannique !

Maintenant, excuse-moi : je dois te laisser. Le concours d'habileté est sur le point de se terminer et je dois aller saluer mes confrères dépisteurs. Ensuite, je prends l'avion à l'aéroport de Los Angeles. Si je veux découvrir le prochain Shea Weber, je ne peux pas passer mon temps à te raconter son histoire !

Mes patrons m'envoient épier un jeune défenseur costaud, doté d'un tir qui fait frémir tous les gardiens de but de la Ligue de l'Ouest ! Tiens, j'ai comme une impression de déjà-vu... Qui sait ? Peut-être que dans quelques années, ce sera à ton tour de raconter l'histoire de ce jeune prodige à tes enfants. Je nous le souhaite à tous les deux !

En attendant, continue de suivre la carrière de Shea. Tu es mieux placé que moi pour le faire :

profites-en ! J'espère que cela te procurera autant de plaisir que cela m'en a donné au cours de toutes ces années !

STATISTIQUES

Saison régulière

Saison	Équipe	Ligue	PJ	B	A	PTS	MIN	+/=
2001-02	Rockets de Kelowna	LHO	5	0	0	0	0	-1
2002-03	Rockets de Kelowna	LHO	70	2	16	18	167	25
2003-04	Rockets de Kelowna	LHO	60	12	20	32	126	23
2004-05	Rockets de Kelowna	LHO	55	12	29	41	95	12
2005-06	Admirals de Milwaukee	LAH	46	12	15	27	49	1
2005-06	Predators de Nashville	LNH	28	2	8	10	42	8
2006-07	Predators de Nashville	LNH	79	17	23	40	60	13
2007-08	Predators de Nashville	LNH	54	6	14	20	49	-6
2008-09	Predators de Nashville	LNH	81	23	30	53	80	1
2009-10	Predators de Nashville	LNH	78	16	27	43	36	0
2010-11	Predators de Nashville	LNH	82	16	32	48	56	7
2011-12	Predators de Nashville	LNH	78	19	30	49	46	21
2012-13	Predators de Nashville	LNH	48	9	19	28	48	-2
2013-14	Predators de Nashville	LNH	79	23	33	56	52	-2
2014-15	Predators de Nashville	LNH	78	15	30	45	72	15
2015-16	Predators de Nashville	LNH	78	20	31	51	27	-7
2016-17	Canadiens de Montréal	LNH	78	17	25	42	38	20

Séries

Saison	Équipe	Ligue	PJ	B	A	PTS	MIN
2001-02	Rockets de Kelowna	LHO	--	--	--	--	--
2002-03	Rockets de Kelowna	LHO	19	1	4	5	26
2003-04	Rockets de Kelowna	LHO	17	3	14	17	16
2004-05	Rockets de Kelowna	LHO	18	9	8	17	25
2005-06	Admirals de Milwaukee	LAH	14	6	5	11	16
2005-06	Predators de Nashville	LNH	4	2	0	2	8
2006-07	Predators de Nashville	LNH	5	0	3	3	2
2007-08	Predators de Nashville	LNH	6	1	3	4	6
2008-09	Predators de Nashville	LNH	--	--	--	--	--
2009-10	Predators de Nashville	LNH	6	2	1	3	4

2010-11	Predators de Nashville	LNH	12	3	2	5	8
2011-12	Predators de Nashville	LNH	10	2	1	3	9
2012-13	Predators de Nashville	LNH	--	--	--	--	--
2013-14	Predators de Nashville	LNH	--	--	--	--	--
2014-15	Predators de Nashville	LNH	2	0	1	1	2
2015-16	Predators de Nashville	LNH	14	3	4	7	18
2016-17	Canadiens de Montréal	LNH	6	1	2	3	5

Statistiques Équipe Canada

Année	Âge	Équipe	Tournoi	PJ	B	A	PTS	+/-	MIN
2005	19	Canada	Mondial Jr	6	0	0	0	10	10
2007	21	Canada	Mondial	6	1	1	2	2	31
2009	23	Canada	Mondial	9	4	8	12	5	6
2010	24	Canada	Jeux olympiques	7	2	4	6	4	2
2014	28	Canada	Jeux olympiques	6	3	3	6	5	0
2016	31	Canada	Coupe du monde	5	0	0	0	3	0

CHRONOLOGIE

1985	***Le 14 août, naissance de Shea Weber à Sicamous, en Colombie-Britannique.***
25 août 1985	Sortie du film *Le Matou*, de Jean Beaudin.
Octobre	*Retour vers le futur* sort sur les écrans du monde entier.
12 décembre	Robert Bourassa devient pour la seconde fois premier ministre du Québec.
1986	Les Canadiens remportent la 23e coupe Stanley de leur histoire, grâce notamment au gardien recrue Patrick Roy.
8 novembre 1988	George H. W. Bush est élu à la présidence des États-Unis.
21 novembre	Brian Mulroney est réélu premier ministre du Canada.
1990	En été, le Québec vit la « crise d'Oka » en raison de l'agrandissement d'un golf et d'un projet domiciliaire sur des terres revendiquées par la communauté mohawk de Kanesatake.
	Jean Chrétien est élu chef du Parti libéral du Canada.
	Le film *Maman, j'ai raté l'avion* est l'un des grands succès du box-office.
1991	***Âgé de six ans, Shea Weber commence à jouer au hockey.***

1992	Felipe Alou devient le gérant des Expos, le club de baseball de Montréal. Il est le premier Dominicain à occuper ce poste dans le Baseball majeur.
	Les Blue Jays de Toronto remportent leur première de deux Séries mondiales consécutives.
3 novembre	Bill Clinton est élu président des États-Unis.
1993	Les Canadiens de Montréal remportent leur 24e coupe Stanley.
	Le Parc jurassique bat des records au box-office.
1994	Le 11 janvier, Daniel Johnson fils devient premier ministre du Québec. Il ne restera que quelques mois en poste. Aux élections du 12 septembre, Jacques Parizeau est élu premier ministre.
	Myriam Bédard gagne deux médailles d'or au biathlon aux Jeux olympiques d'hiver de Lillehammer, en Norvège. Jean-Luc Brassard est médaillé d'or en ski acrobatique. Le Québec gagne 9 des 13 médailles canadiennes.
	Naissances de la joueuse de tennis Eugenie Bouchard, de la skieuse acrobatique Justine Dufour-Lapointe et de l'acteur Joey Scarpellino.
1995	Marcel Aubut vend les Nordiques de Québec à un groupe de Denver, où l'équipe déménage.
	Le camp du Non remporte de justesse le référendum sur l'indépendance du Québec.
	Réjean Houle devient directeur général des Canadiens ; il nomme Mario Tremblay au poste d'entraîneur-chef.
	Sortie du film *Histoire de jouets*.

1996	Le 29 janvier, Lucien Bouchard devient le premier ministre du Québec.
	L'Avalanche du Colorado (autrefois les Nordiques de Québec) remporte la première coupe Stanley de son histoire.
	Jeux olympiques d'été d'Atlanta.
	Les Yankees de New York remportent leur première de quatre Séries mondiales en cinq ans.
1997	Jacques Villeneuve est champion du monde de Formule 1.
	Publication de *Harry Potter à l'école des sorciers*.
1998	Jeux olympiques d'hiver de Nagano.
1999	***Tracy, la mère de Shea, livre une première bataille contre le cancer.***
2000	Mélanie Turgeon devient la première Québécoise à remporter une première place lors d'une compétition de la Coupe du monde de ski alpin, à Innsbruck, en Autriche.
	Shea Weber est ignoré au repêchage de la Ligue de l'Ouest. Son nom sera toutefois ajouté à la liste de protection des Rockets de Kelowna au cours de l'hiver.
	Jeux olympiques d'été de Sydney.
7 novembre	George W. Bush, fils de George H. W. Bush, remporte l'élection présidentielle américaine.
2001	Le 8 mars, Bernard Landry devient premier ministre du Québec.

Shea Weber est retranché du camp des Rockets de Kelowna. Il jouera avec les Eagles de Sicamous.

Le Seigneur des anneaux, de Peter Jackson, est le grand succès de l'année au box-office.

2002 ***Shea Weber gagne la coupe Keystone et dispute ses premiers matchs avec les Rockets, avec qui il amorcera la saison 2002-03.***

Jeux olympiques d'hiver de Salt Lake City. Le Canada remporte la médaille d'or au hockey.

2003 ***À l'issue de sa première saison dans la Ligue de l'Ouest, Shea participe à la demi-finale de la Coupe Memorial. Les Rockets s'inclinent devant les Olympiques de Hull.***

29 avril Jean Charest est assermenté premier ministre du Québec.

21 juin 2003 ***Les Predators de Nashville repêchent Shea Weber au deuxième tour.***

12 décembre Paul Martin remplace Jean Chrétien et est assermenté premier ministre du Canada.

2004 Jeux olympiques d'été d'Athènes.

Les Rockets remportent la Coupe Memorial aux dépens des Olympiques de Gatineau, devant leurs partisans de Kelowna.

29 septembre Les Expos jouent leur dernier match à Montréal et déménagent à Washington où ils deviennent les Nationals.

Les Red Sox de Boston conjurent la « malédiction du Bambino » et gagnent une première Série mondiale en 86 ans.

2005	***Shea Weber aide la Canada à remporter l'or au Championnat mondial junior.***
	Troisième participation d'affilée des Rockets de Kelowna et de Shea Weber à la Coupe Memorial. Ils sont éliminés après le tournoi à la ronde.
	Shea Weber accède à la Ligue américaine de hockey. Il disputera 46 matchs avec les Admirals de Milwaukee.
	Batman : Le Commencement, premier film de la trilogie de Christopher Nolan, sort au cinéma.
2006	***Le 6 janvier, Shea Weber fait son entrée dans la Ligue nationale de hockey. Il disputera 28 matchs et comptera son premier but le 6 avril contre les Blues de St. Louis.***
	Jeux olympiques d'hiver de Turin. Le Canada est exclu de la ronde des médailles au hockey. Première participation du bosseur Alexandre Bilodeau.
6 février	Stephen Harper devient le premier ministre du Canada.
2007	***Shea Weber gagne l'or avec le Canada au Championnat du monde de hockey.***
	Publication de *Les Reliques de la mort*, septième tome de la série « Harry Potter ».
2008	Le 4 novembre, Barack Obama remporte l'élection américaine. Le 20 janvier 2009, il devient le premier président afro-américain de l'histoire des États-Unis.

	Sortie du *Chevalier noir*, dernier volet de la trilogie « Batman » de Christopher Nolan.
	Jeux olympiques d'été de Pékin.
2009	***Shea Weber participe pour la première fois au Match des étoiles de la LNH.***
	Seconde et dernière participation de Shea Weber au Championnat du monde de hockey. Le Canada gagne la médaille d'argent.
	Avatar, de James Cameron, révolutionne les effets spéciaux cinématographiques.
2010	Jeux olympiques d'hiver de Vancouver. Alexandre Bilodeau gagne la compétition des bosses, devenant le premier Canadien à remporter une médaille d'or olympique en sol canadien.
	Le Canada, avec Shea Weber, remporte la médaille d'or en hockey masculin. Le Canada gagne aussi le tournoi féminin.
11 août	***Tracy Anne Weber, la mère de Shea, meurt d'un cancer.***
2011	***Deuxième participation au Match des étoiles pour Shea Weber. Il est aussi élu au sein de la première équipe d'étoiles et termine deuxième au scrutin du trophée Norris.***
2012	***Troisième participation au Match des étoiles pour Shea Weber. De nouveau, il est élu au sein de la première équipe d'étoiles et termine deuxième au scrutin du trophée Norris.***
	Jeux olympiques d'été de Londres.

4 septembre	Pauline Marois remporte l'élection provinciale. Pour la première fois de son histoire, le Québec sera dirigé par une femme.
2013	***Le 16 février, Shea Weber marque son 100e but dans la LNH.***
20 juillet	***Shea Weber épouse Bailey Munro, son amour de jeunesse, après 10 années de fréquentations.***
2014	***Jeux olympiques d'hiver de Sotchi. Le Canada et Shea Weber défendent avec succès leur titre olympique.***
	L'équipe féminine gagne aussi la médaille d'or.
	Shea Weber est nommé au sein de la seconde équipe d'étoiles et termine troisième au scrutin du trophée Norris.
7 avril	Philippe Couillard est élu premier ministre du Québec.
	Naissance du fils de Shea Weber, Beckette.
2015	***Shea Weber est sélectionné pour une quatrième fois au Match des étoiles. Il remporte pour la première fois le concours du tir frappé le plus puissant.***
	En mars, parution de *Carey Price*, premier titre de la collection « Raconte-moi ».
	Shea Weber est élu au sein de la seconde équipe d'étoiles et termine quatrième au scrutin du trophée Norris.

4 novembre — Justin Trudeau est assermenté premier ministre du Canada.

Naissance de la fille de Shea Weber, Kenley.

2016 — *Cinquième participation au Match des étoiles pour Shea Weber. Deuxième victoire au concours du tir le plus puissant.*

12 mai — *Shea Weber dispute son dernier match dans l'uniforme des Predators de Nashville, éliminés par les Sharks de San Jose.*

29 juin — *Shea Weber passe aux Canadiens de Montréal en retour de P.K. Subban.*

Jeux olympiques d'été de Rio de Janeiro.

13 octobre — *Shea Weber dispute son premier match avec les Canadiens de Montréal.*

2 novembre — Les Cubs de Chicago mettent fin à une disette de 108 ans en remportant la Série mondiale.

8 novembre — Donald Trump remporte l'élection présidentielle américaine.

2017 — *Shea Weber participe pour une sixième fois au Match des étoiles et remporte pour la troisième fois consécutive le concours du tir le plus puissant.*

Les Astros de Houston remportent la première Série mondiale de leur histoire.

5 décembre — *À son 100e match avec le Tricolore, Shea Weber récolte deux points, dont son 500e dans la LNH.*

Les Derniers Jedi, le huitième épisode de *La Guerre des étoiles*, sort dans les salles de cinéma.

MÉDIAGRAPHIE

Archives de *La Presse canadienne* (nouvellessurcommande.com).

Archives du *Journal de Montréal*, de *La Presse* et de Radio-Canada.

Entrevues de l'auteur avec Shea Weber, octobre et décembre 2017.

Notes personnelles de l'auteur rédigées à l'occasion des Jeux olympiques de Vancouver et de Sotchi.

Page et site Web

Hockey Reference (hockey-reference.com/players/w/webersh01.html).

Wikipédia (fr.wikipedia.org/wiki/Shea_Weber).

Articles en ligne

ALLEN, Kevin. « Canadiens trade P.K. Subban to Predators for Shea Weber », *USA Today*, 29 juin 2016. https://usat.ly/2CHFcpm.

BASU, Arpon. « Weber won't try to be Subban for Canadiens », *NHL.com*, 29 juin 2016. http://atnhl.com/2AEoW6J.

BOCLAIR, David. « Preds trade Weber », *Nashville Post*, 29 juin 2016. http://bit.ly/2EnGBlo.

BOCLAIR, David. « Weber quickly shifts focus to future », *Nashville Post*, 29 juin 2016. http://bit.ly/2CEzHaB.

KIMELMAN, Adam. « Predators match offer sheet, retain Weber », *NHL.com*, 24 juillet 2012. http://atnhl.com/2CF8xRc.

MULLEN, Bryan. « Nashville Predators' captain Shea Weber stays true to roots », *The Tennessean*, 8 octobre 2010. Lu sur le site de Hockey Canada : hockeycanada.ca/en-ca/news/2010-gn-028-en.

ORGAN, Mike. « 5 things you might not know about Shea Weber », *The Tennessean*, 23 janvier 2015. http://tnne.ws/2DoZzIQ.

Postmedia News. « Weber's mom never far from his thoughts », *The Telegram*, 29 avril 2011. http://bit.ly/2FwdkGd.

SIMPSON, Brad. « Shea Weber's impact on the Nashville Predators », *SB Nation*, 3 janvier 2017. http://bit.ly/2D7xllO.

WEBER, Pete. « Former Preds' captain Weber returns to Nashville », *NashvillePredators.com*, 1er janvier 2017. http://atnhl.com/2mcupx7.

LES COLLABORATEURS

Frédéric Daigle a appris à lire avec les pages sportives du *Journal de Montréal*. Diplômé en journalisme de l'Université Concordia, il a couvert les Expos, les Canadiens, les Jeux olympiques de Vancouver, de Sotchi et de Rio de Janeiro, ainsi que des centaines de combats de boxe, dont plusieurs championnats du monde. Depuis douze ans, il écrit pour *La Presse canadienne*.

Josée Tellier est passionnée d'illustration depuis l'école maternelle ! Très tôt, elle savait qu'elle gagnerait sa vie dans ce domaine. Avec son rêve en tête, elle s'exerçait à dessiner tous les jours, ce qui lui valut plusieurs prix dans divers concours régionaux. Cet intérêt pour les arts l'incitera à poursuivre ses études en graphisme. Des projets variés s'ajouteront à son portfolio au fil des années : des collections de mode pour les jeunes, des expositions et plusieurs couvertures de romans pour la jeunesse, dont celles de la populaire série *Le Journal d'Aurélie Laflamme* d'India Desjardins.

TABLE DES MATIÈRES

DANS LA MÊME COLLECTION

Albert Ladouceur
RACONTE-MOI
LES NORDIQUES
P. STASTNY
26

RACONTE-MOI
DIDIER DROGBA

RACONTE-MOI
LES ALOUETTES

Jean-Patrice Martel
RACONTE-MOI
LES CANADIENS
9

RACONTE-MOI
RUSSELL MARTIN

RACONTE-MOI
XAVIER DOLAN

RACONTE-MOI
LE MÉTRO DE
MONTRÉAL

RACONTE-MOI
LES SŒURS
DUFOUR-LAPOINTE

RACONTE-MOI
MARTIN MATTE

Jonathan Bernier
RACONTE-MOI
P.K. SUBBAN

RACONTE-MOI
JEAN BÉLIVEAU

RACONTE-MOI
PIERRE LAVOIE

RACONTE-MOI
LA BATAILLE
DES PLAINES
D'ABRAHAM

Johanne Mercier
RACONTE-MOI
L'EXPO 67

François Perreault
RACONTE-MOI
MONTRÉAL

Jonathan Bernier
RACONTE-MOI
MARIE-PHILIP
POULIN

RACONTE-MOI
FÉLIX LECLERC

Johanne Mercier
RACONTE-MOI
LES EXPOS
30

RACONTE-MOI
YAN ENGLAND

RACONTE-MOI
LANCE STROLL

Suivez-nous sur le Web

Consultez nos sites Internet et inscrivez-vous à l'infolettre pour rester informé en tout temps de nos publications et de nos concours en ligne. Et croisez aussi vos auteurs préférés et notre équipe sur nos blogues !

EDITIONS-PETITHOMME.COM
EDITIONS-HOMME.COM
EDITIONS-JOUR.COM
EDITIONS-LAGRIFFE.COM
RECTOVERSO-EDITEUR.COM
QUEBEC-LIVRES.COM
EDITIONS-LASEMAINE.COM

RECYCLÉ
Papier fait à partir de matériaux recyclés
FSC® C103567

Imprimé chez Marquis Imprimeur inc.
sur du Rolland Enviro, contenant 100%
de fibres postconsommation, fabriqué à partir d'énergie biogaz
et certifié FSC®, ÉCOLOGO, Procédé sans chlore et
Garant des forêts intactes.

PERMANENT 100% BIO GAZ ÉNERGIE Garant des forêts intactes[MC]